AF450781

LA
FRANCE AUX ÉTATS-UNIS

LOUIS ROUQUETTE

LA
FRANCE AUX ÉTATS-UNIS

Comment concurrencer

le commerce allemand

BERGER-LEVRAULT, ÉDITEURS

PARIS | NANCY
RUE DES BEAUX-ARTS, 5-7 | RUE DES GLACIS, 18

1915

LA

FRANCE AUX ÉTATS-UNIS

Les intérêts français en Amérique sont plus importants qu'on ne le croit généralement. Le Nouveau Monde est en effet notre principal client, après l'Europe; il vaut pour nous, au point de vue commerce international, trois fois l'Asie et huit fois l'Afrique.

Ainsi les États-Unis nous achètent dix fois plus que telle grande puissance européenne. Ce mouvement n'est pas seulement un trafic de marchandises ou de produits; il y a, entre la race américaine et la nôtre, tant d'affinité, tant de souvenirs historiques communs, que nos échanges sont aussi des échanges d'hommes et d'idées. Il ne s'agit point, en effet, ici, d'une de ces opérations anonymes quelconques, d'un de ces négoces avec des peuplades lointaines d'Asie et de l'Afrique, où, malgré les marchés, il n'y a rien de pareil entre la race autochtone et le pays civilisateur.

L'Amérique a toujours été pour nous, qui peuplons lentement, une terre propice au peuplement; nous n'évoquerons pas ici le souvenir du passé, les Antilles, le Canada, la Louisiane, mais surtout les récentes colonies françaises de l'Argentine, du Brésil, du Mexique et des États-Unis ; c'est, en quelque sorte, le meilleur de nous-mêmes qui s'est expatrié là-bas, nos Cévenols, nos Lozériens, nos Aveyronnais, races fortes et trapues, dures au travail, arrachant de la glèbe, à force de labeur, tout ce qu'elle peut donner.

Au point de vue capitaliste, c'est par millions que se chiffrent les ressources que nous avons mises à la disposition de ces États neufs. Si, à la fin de 1910, les Anglais passaient pour avoir dans les deux Amériques plus des trois quarts des placements à l'étranger, soit environ 32 milliards sur 40, en France, nous n'avons pas moins, d'après des calculs récents, d'une dizaine de milliards outre-Atlantique.

Il est à remarquer que, sur aucun continent, nous n'avons de sommes plus largement engagées. Ce sont là de gros intérêts matériels que nous avons à développer, et surtout à défendre ; une communauté d'institution, une similitude de desseins, rendent plus faciles et plus cordiaux les rapports que notre démocratie peut avoir avec la grande démocratie américaine, et si quelque élément étranger a réussi à s'immiscer dans les rouages de ce grand État, il faut surtout, puisque nous n'avons pas le nombre, lutter plus âprement pour la conservation et la conquête du marché américain. Il est bon pour cela de rappeler et d'avoir présent à l'esprit, à toute heure, que c'est grâce à l'esprit, à l'aide fraternelle de la France et au sang de ses enfants, que les États-Unis d'Amérique ont pu commencer à étendre leur action rayonnante sur le monde. Une solidarité d'intérêts et de sentiments doit guider nos deux pays.

Il est agréable de constater que, malgré la considérable infiltration allemande aux États-Unis, nos rapports avec la grande République sont empreints de la cordialité la plus parfaite.

Les événements tragiques que nous subissons ne doivent pas nous arrêter; au contraire, nous devons profiter du blocus de l'Allemagne et faire tout notre possible pour supplanter aux États-Unis d'Amérique les marchés allemands.

Comme point de départ nous avons une occasion unique : l'Exposition de San-Francisco, ouverte en vue de commémorer l'ouverture du canal de Panama, cette œuvre dont l'idée primordiale fut marquée du sceau génial de la France et que les Nord-Américains ont mené à bonne fin.

Dès avant la guerre, le Gouvernement français avait accepté l'invitation faite par le Gouvernement fédéral, alors que l'Allemagne, l'Angleterre et la Russie décidaient de ne pas participer à cette manifestation commerciale.

Sous l'impulsion du Comité français de l'exposition à l'étranger, grâce à l'activité de son aimable président, M. le sénateur Amic, plus de mille commerçants et industriels français, et parmi eux les premières maisons, ont répondu à l'appel qui leur était adressé.

C'est déjà un résultat acquis, mais il y a plus à faire : ne nous contentons pas d'un centre, important il est vrai, mais insuffisant, portons notre activité à travers tout le pays.

Pour cela nous aurons deux difficultés à vaincre :

1° Les lois douanières américaines ;

2° Notre esprit de routine.

Nous parlerons de la première question tout à l'heure, examinons immédiatement la seconde.

— Vous me conseillez, dit un commerçant, d'envoyer de bons commis voyageurs visiter l'Amérique, l'Angleterre, la Russie.....

Mais cela coûte fort cher.

— C'est de nécessité absolue pour lutter contre la concurrence étrangère.

— Mon prédécesseur a gagné sa fortune sans tant de frais.

— Peut-être, il y a quarante ans.

— Je trouve que l'argent économisé est le premier gagné, c'est un principe.

— Ne touchons pas aux principes.....

Mais, dites-moi, vous devez avoir de grands frais d'éclairage en hiver ?

— A qui le dites-vous, hélas ?

— Pourquoi donc ne fermez-vous pas vos bureaux dès la tombée de la nuit ?

— Mais, le travail ne se ferait pas.....

— N'oublions pas que « l'argent économisé »...

— Je vous vois venir. Vous allez me dire de renvoyer mes employés et de mettre la clé sous la porte pour économiser les frais généraux.....

— Dame !

. . . .

Il faut vaincre nos préjugés routiniers qui arrêtent notre essor économique.

Si certains commerçants et industriels hésitent devant des frais trop onéreux, pourquoi n'uniraient-ils pas leurs efforts et n'organisent-ils pas des tournées commerciales.

A cet effet, nous signalerons la curieuse tentative faite par une importante maison de Toronto (Canada). MM. Kirwood et fils ont envoyé à différents groupements commerciaux français la note suivante :

« Après entente avec la « Canadian Pacific Railway Company », nous organisons un train spécial qui transportera, à travers les États-Unis et le Canada, cent représentants et agents de fabriques anglaises avec leurs échantillons.

« L'embarquement aura lieu vers le 1er mars 1915, à Liverpool, pour Saint-John (NB), point de départ du train en question.

« Le voyage s'effectuera dans les meilleures conditions et l'itinéraire comprendra les villes suivantes :

« Saint-John, Halifax, Montréal, Ottawa, Toronto, Port-Arthur, Winnipeg, Régina, Edmonton, Calgary, Vancouver, Mineapolis, Chicago, Détroit, Cleveland, Cincinnati, Pittsburg, Buffalo, Philadelphie, New-York, Boston, Québec, et retour à Liverpool. La durée de la tournée sera d'environ quatre-vingt-dix jours, un arrêt de deux à sept jours est prévu pour chaque ville.

« Si vous pouvez décider une centaine de maisons françaises à souscrire pour un voyage semblable, nous leur fournirons nous-mêmes tous renseignements complémentaires, avec cartes, prix, horaires, etc... »

Le moment est venu de prendre, aux États-Unis et

ÉTATS-UNIS

EXPORTATIONS DE FRANCE (Marchandises françaises entrées aux États-Unis).

COMMERCE SPÉCIAL

Années 1914, 1913 et 1912.

DÉSIGNATION DES MARCHANDISES	UNITÉS	QUANTITÉS			VALEURS		
		1914	1913	1912	1914	1913	1912
					Mille francs	Mille francs	Mille francs
Chevaux	Tête	259	750	1.548	525	1.672	2.964
Peaux et pelleteries brutes	Quintal métrique	78.426	71.350	96.133	20.159	19.394	23.296
Poils bruts, peignés et cardés	id.	1.894	2.328	2.047	1.518	1.520	2.193
Plumes de parure apprêtées ou non	id.	2.821	3.573	3.715	12.127	16.306	18.209
Soie et bourre de soie	id.	2.218	2.014	3.573	7.039	5.305	4.988
Lait, beurre et fromages	id.	15.582	13.168	19.168	3.628	2.216	3.605
Poissons, frais, secs, salés ou conservés	id.	10.509	10.367	9.688	2.026	1.969	1.860
Perles fines	Hectogramme	140	658	913	490	1.974	2.742
Fruits de table	Quintal métrique	49.134	52.783	41.218	5.473	6.564	3.544
Graines à ensemencer	id.	45.001	44.279	32.819	7.391	7.253	6.330
Huiles { végétales fixes	id.	26.091	79.440	79.913	2.279	7.501	2.345
Huiles { volatiles ou essences végétales et parfums synthétiques ou artificiels	id.	1.449	2.868	2.127	4.188	8.490	5.956
Caoutchouc et gutta-percha bruts ou refondus en masse	id.	12.401	21.869	36.255	8.730	15.388	41.473
Espèces médicinales	id.	10.629	13.353	8.002	3.036	3.996	2.872
Bois communs	Tonne métrique	5.028	7.704	4.032	2.302	3.598	1.827
Légumes frais, salés ou conservés	Quintal métrique	32.690	34.128	34.758	3.397	3.421	3.795
Drilles	id.	73.644	118.145	157.887	1.866	3.100	4.039
Plantes et arbustes de serre et de pépinière	id.	28.918	26.099	28.922	1.448	1.306	1.446
Vins	Hectolitre	26.845	37.553	41.111	5.946	10.838	10.740
Aluminium en lingots, battu, étiré, etc	Quintal métrique	4.620	9.802	9.952	1.021	2.419	1.903
Produits chimiques	id.	96.905	147.866	163.930	13.628	20.367	16.858
Parfumeries et savons	id.	18.110	18.281	23.202	3.589	3.402	4.356
Poteries, verres et cristaux	id.	81.796	122.387	139.198	6.064	10.839	9.706
Fils	id.	5.399	2.045	3.461	3.906	1.884	2.084
Tissus { de lin, de chanvre ou de ramis	id.	1.415	3.578	3.485	934	3.072	2.595
Tissus { de coton	id.	31.819	34.411	24.778	55.402	73.137	66.349
Tissus { de laine	id.	18.283	12.225	8.898	17.710	12.324	9.068
Tissus { de soie ou de bourre de soie	id.	9.290	7.628	6.337	66.103	48.760	39.887
Lingerie, vêtements et articles confectionnés	id.	6.230	7.788	8.889	17.662	25.069	32.011
Papier et ses applications	id.	38.325	36.586	31.724	17.397	9.866	6.628
Peaux préparées	id.	2.452	2.772	2.763	2.584	3.341	2.889
Ouvrages en cuir ou en peau naturels ou artificiels	id.	2.816	2.283	2.375	18.835	14.464	14.858
Pelleteries préparées, ouvrées et confectionnées	id.	1.060	2.592	2.897	4.550	11.098	14.182
Bijouterie fausse et ouvrages dorés ou argentés	id.	538	508	313	4.940	5.318	2.987
Machines et mécaniques	id.	2.638	5.134	7.240	580	983	1.117
Outils et ouvrages en métaux	id.	4.985	5.496	7.068	2.838	2.754	3.890
Carrosserie (voitures automobiles et autres, vélocipèdes et motocycles)	id.	2.113	3.726	5.794	1.847	3.214	4.936
Instruments et appareils scientifiques	id.	1.126	1.843	1.303	1.960	1.763	1.367
Tabletterie, éventails, brosserie, boutons et bimbeloterie	id.	8.532	9.222	10.211	7.497	7.856	7.399
Fleurs, feuillages et fruits artificiels	id.	3.351	4.406	5.095	2.969	3.160	2.974
Objets de collection hors de commerce	"	"	"	"	2.916	5.385	3.780
Autres articles	"	"	"	"	28.334	29.728	36.372
TOTAUX	"	"	"	"	375.772	422.623	431.359

ÉTATS-UNIS

IMPORTATIONS EN FRANCE

COMMERCE SPÉCIAL

Années 1914, 1913 et 1912.

DÉSIGNATION DES MARCHANDISES	UNITÉS	QUANTITÉS			VALEURS		
		1914	1913	1912	1914	1913	1912
					Mille francs	Mille francs	Mille francs
Viandes salées, charcuterie fabriquée et museau de bœuf	Quintal métrique.	31.360	5.608	30.471	3.997	1.588	6.676
Peaux et pelleteries brutes	id.	16.355	14.370	17.800	7.876	1.446	8.850
Plumes de parure apprêtées ou non	id.	153	581	592	331	1.101	7.956
Graisses animales autres que de poisson, margarine et substances similaires	id.	53.684	110.749	147.932	5.794	11.507	18.010
Fanons de baleine bruts	id.	27	331	375	61	745	413
Perles fines	Hectogramme.	166	423	201	4.980	1.270	680
Éponges brutes ou préparées	Quintal métrique.	375	438	326	1.875	2.190	1.508
Coquillages nacrés	id.	3.641	5.407	4.869	2.089	3.242	3.687
Céréales (grains et farines) y compris le malt	id.	6.547.408	1.640.939	802.950	136.661	32.878	17.136
Fruits de table	id.	99.504	56.458	66.582	1.125	3.877	3.814
Café	id.	21.115	13.063	14.899	3.800	2.351	2.905
Cacao	id.	3.672	4.967	3.573	643	869	600
Tabacs en feuilles et tabacs fabriqués	id.	71.484	213.809	144.304	18.861	24.901	17.466
Huiles végétales fixes	id.	36.264	61.088	113.001	3.298	5.725	11.115
Caoutchouc et gutta-percha bruts ou refondus en masse	id.	5.932	6.207	6.228	4.176	4.369	7.125
Bois { communs	Tonne métrique.	92.980	165.219	151.595	17.957	23.622	31.784
Bois { exotiques	id.	9.504	14.706	9.061	2.344	3.619	2.060
Cotons en laine et déchets de coton	Quintal métrique.	1.336.476	2.498.760	2.811.415	241.210	432.986	140.805
Joncs, sparte, fibres de coco, chiendent, etc.	id.	2.800	1.194	5.459	294	125	542
Fourrages et son	id.	298.030	394.368	86.760	4.361	4.209	438
Tourteaux et drèches	id.	157.762	255.996	310.822	1.340	4.160	4.238
Pierres et terres servant aux arts et métiers	id.	1.214.900	1.734.422	1.534.080	4.025	4.569	4.656
Soufres (y compris les pyrites)	id.	363.670	347.840	259.800	4.000	3.438	2.806
Huiles minérales, brutes, raffinées et essences	id.	3.213.750	2.912.346	2.893.903	77.085	65.138	59.179
Huiles lourdes et résidus de pétrole	id.	579.768	707.908	842.294	9.856	12.034	13.979
Cuivre	id.	637.392	710.505	636.700	107.946	120.417	115.085
Nickel	id.	30.302	16.576	21.984	6.925	6.011	7.744
Produits chimiques	id.	23.509	34.802	25.733	1.512	2.360	2.191
Couleurs, encres, crayons et charbons préparés	id.	10.532	15.313	15.074	850	1.085	1.152
Fils	id.	30.454	42.806	27.627	4.551	6.394	4.144
Papier et ses applications	id.	6.796	8.598	9.072	2.657	3.621	3.471
Peaux préparées	id.	870	2.500	2.998	1.743	3.672	4.200
Ouvrages en peau ou en cuir naturel ou artificiel	id.	1.077	2.160	1.944	1.281	3.038	3.006
Machines et mécaniques	id.	347.602	359.211	314.081	53.985	57.444	53.977
Outils et ouvrages en métaux	id.	67.114	33.939	34.150	5.446	5.171	5.047
Meubles et ouvrages en bois	id.	31.401	37.941	35.644	1.006	1.610	1.908
Carrosserie (voitures automobiles et autres, vélocipèdes et motocycles)	id.	9.520	7.778	6.943	6.992	5.474	4.874
Ouvrages en caoutchouc et en gutta-percha	id.	638	800	1.153	743	947	1.525
Tabletterie, éventails, brosserie, boutons et bimbeloterie	id.	274	1.098	933	168	718	628
Objets de collection hors de commerce	"	"	"	"	1.927	3.302	1.663
Autres articles	"	"	"	"	43.987	16.178	12.047
TOTAUX	"	"	"	"	787.097	894.742	809.302

au Canada, la place perdue par les Allemands, et il semble que les Français auraient intérêt, comme les maisons anglaises, à avoir leur train spécial qui s'appellera « Train-Exposition des fabricants français ».

Avant d'aller plus loin, il convient d'examiner, par des chiffres officiels, ce qui a été fait aux États-Unis, c'est-à-dire quelle est exactement la situation économique : 1° entre la France et les États-Unis ; 2° entre les États-Unis et la France (Voir p. 10-13).

Pour que la comparaison soit complète, nous donnerons également les chiffres du mouvement industriel et commercial, importation et exportation de l'Allemagne et des États-Unis.

Pendant la période de 1903-1912, l'Allemagne exportait aux États-Unis, d'après la *Statistique de l'Empire allemand* préparée par l' « Office spécial de statistique » :

Exportation.

(Valeur en milliers de marks.)

1903.	469.015
1904.	494.741
1905.	542.245
1906.	636.231
1907.	652.828
1908.	507.840
1909.	606.283
1910.	632.741
1911.	639.783
1912.	697.590

Pendant la même période elle importait, toujours d'après la *Statistique de l'Empire allemand* :

Importation.

(Valeur en milliers de marks.)

1903.	934.513
1904.	943.002
1905.	991.942
1906.	1.236.351
1907.	1.319.830
1908.	1.283.057
1909.	1.262.563
1910.	1.187.613
1911.	1.343.387
1912.	1.585.984

Il est à remarquer que l'Allemagne occupait avant la guerre, pour les importations, le deuxième rang (11 °/₀ de la valeur totale), l'Angleterre tenant le premier rang avec 16 °/₀.

Il est curieux de rapprocher, pendant la même période, les chiffres comparatifs donnés par les États-Unis au sujet du commerce exportation-importation de l'Allemagne et des États-Unis.

ÉTATS-UNIS

(PROVENANCE)

Commerce spécial (*valeurs en milliers de dollars*).

ANNÉES (*)	ALLEMAGNE	FRANCE
1903.	107.507	77.886
1904.	97.811	70.275
1905.	106.082	78.236
1906.	123.051	95.574
1907.	145.191	111.797

(*) Années fiscales finissant le 30 juin.

ANNÉES	ALLEMAGNE	FRANCE
1908	123.836	84.573
1909	127.482	93.181
1910	152.719	117.380
1911	150.017	104.296
1912	159.080	112.424

ÉTATS-UNIS

(DESTINATION)

Commerce spécial (*Valeurs en milliers de dollars*).

ANNÉES (*)	ALLEMAGNE	FRANCE
1903	190.896	75.092
1904	212.367	83.208
1905	191.271	74.413
1906	232.404	96.454
1907	254.329	111.339
1908	274.179	113.802
1909	232.798	107.464
1910	246.787	114.666
1911	283.022	132.869
1912	303.495	131.133

(*) Années fiscales finissant le 30 juin.

(*Annales du Commerce extérieur.*)
(Chiffres officiels.)

Si l'on compare les résultats des statistiques françaises, fournies par la Commission des valeurs de douane, et ceux des statistiques de l'Administration américaine, on constate, en ce qui concerne la valeur des importations de France aux États-Unis, pour l'année 1912, que les chiffres américains sont supérieurs de plus de 200 millions aux chiffres français.

Les raisons qui permettent d'expliquer un écart aussi considérable sont les suivantes :

Tout d'abord, *le décalage des années fiscales françaises et américaines.*

Alors que dans notre pays l'année fiscale commence le 1er janvier pour finir le 31 décembre, l'année fiscale américaine va du 1er juillet au 30 juin. Il se trouve donc que les statistiques américaines sont en avance de six mois sur les nôtres.

Or, il est à noter que les importations de France aux États-Unis n'ont cessé d'augmenter dans une proportion considérable au cours de ces dernières années. Elles sont passées, en effet, de 379 millions de francs en 1911 à 424 millions en 1912 (statistiques françaises) : soit une augmentation de 45 millions pour une année.

Si l'on tient compte de la période de six mois qui différencie les années fiscales en France et en Amérique et de cette augmentation des importations françaises, l'on trouve déjà là, en partie, l'explication de l'écart qu'accusent les statistiques des deux pays.

La seconde raison qui peut être donnée de cette différence est *la taxation par la Douane américaine de marchandises ayant échappé au contrôle de sortie de la Douane française.*

Il est certain que, sous ce rapport, les statistiques françaises ne peuvent donner une idée exacte de l'importance de nos ventes aux États-Unis.

En effet, parmi les marchandises que nous exportons en Amérique, les produits de luxe tiennent une place prépondérante. Une partie notable de ces marchandises (vêtements, accessoires du vêtement, parfums, etc.) est achetée par les Américains en France et emportée par eux dans leurs malles.

Ces produits échappent donc entièrement au contrôle de la Douane française, alors qu'ils sont soumis, à l'arrivée en Amérique, à une visite rigoureuse. Il en résulte la taxation d'objets dont la valeur très importante ne peut être mentionnée dans nos statistiques.

Mais la cause principale de l'écart qui nous occupe réside sans aucun doute *dans les déclarations faites à la Douane par nos exportateurs.*

En effet, dans le tarif douanier des États-Unis, les droits spécifiques sont assez rares, et pour beaucoup de produits la fixation des droits est basée sur une estimation de la valeur.

Il est évident que nos commerçants auront toujours tendance à déclarer une valeur minimum, tandis qu'au contraire la Douane américaine estimera toujours au maximum la valeur des importations.

Étant donnée la grande quantité de marchandises taxées *ad valorem,* il est facile de concevoir la différence considérable qui peut exister dans les résultats de deux statistiques dont l'une est basée sur la déclaration de valeur faite à la sortie par l'exportateur et l'autre sur l'estimation de cette valeur à l'arrivée aux États-Unis.

Ces quelques remarques paraissent de nature à expliquer suffisamment la différence que l'on relève entre les statistiques françaises et américaines et à faire considérer les chiffres fournis par les États-Unis comme s'approchant davantage de la réalité.

Ce sont ces derniers chiffres qui ont été utilisés

dans les statistiques suivantes. Ils sont empruntés aux rapports du Consulat général des États-Unis à Paris.

A noter aussi que, d'une façon générale, le contrôle des Douanes françaises sur les exportations se fait très légèrement; les articles déclarés pour la sortie n'acquittant pas de droits de douane, dans la pratique, presque toujours, les déclarations de simple sortie sont admises pour conformes sans faire l'objet de la moindre vérification, et les commerçants ne l'ignorent pas.

*
* *

Afin de compléter les renseignements qui précèdent, nous donnons ici de suggestifs extraits des statistiques américaines concernant le commerce important qui existe entre les États-Unis, la France, l'Allemagne et l'Autriche.

ÉTATS-UNIS

(STATISTIQUES AMÉRICAINES)

Importations de France, d'Allemagne et d'Autriche-Hongrie en 1912, des principaux produits manufacturés.

(En dollars = 5^f 18)

NATURE DES MARCHANDISES	VENANT		
	DE FRANCE	D'ALLEMAGNE	D'AUTRICHE-HONGRIE
Ouvrages en bronze	150.000	520.000	8.000
Œuvres d'art autres que d'artistes américains — comptant 20 ans et au-dessus	16.300.000	1.100.000	160.000
Œuvres d'art autres que d'artistes américains — toutes autres	400.000	100.000	
Brosses	750.000	450.000	40.000
Boutons et formes de boutons	260.000	500.000	250.000
Automobiles	970.000	260.000	10.000
Horloges et montres	300.000	700.000	8.000
Dentelles, garnitures, broderies de coton	8.100.000	7.600.000	260.000
Autres tissus et articles de coton	3.600.000	4.900.000	340.000
Poteries-faïences, porcelaines — porcelaines décorées, ornées, etc.	1.300.000	3.600.000	700.000
Poteries-faïences, porcelaines — toutes autres	230.000	530.000	
Plumes et duvets naturels, préparés et plumes et fleurs artificielles	1.800.000	1.600.000	130.000
Engrais	200.000	5.300.000	20.000
Tissus et articles en fibres végétales	1.900.000	3.300.000	760.000
Fourrures — préparées pour la peau	1.600.000	1.900.000	240.000
Fourrures — manufacturées	1.300.000	630.000	
Verre et verreries	1.200.000	1.800.000	1.000.000
Ouvrages en or et en argent	700.000	500.000	10.000
Joaillerie	400.000	400.000	210.000
Fournitures, matériaux pour chapellerie	500.000	50.000	20.000
Chapeaux, bonnets, etc. en paille, jonc, etc.	400.000	7.000	30.000
Coutellerie	60.000	1.600.000	30.000
Machines et mécaniques	400.000	4.200.000	12.000
Cuirs et peaux tannées	850.000	1.900.000	150.000
Gants	3.300.000	3.000.000	200.000
Instruments de musique	200.000	1.200.000	100.000
Peintures, couleurs, vernis	240.000	780.000	40.000
Livres, musique, cartes, gravures	500.000	1.300.000	200.000
Parfumerie, cosmétiques, préparations pour la toilette	1.450.000	80.000	6.000
Films et disques photographiques	600.000	50.000	»
Articles de fumeurs	600.000	140.000	400.000

NATURE DES MARCHANDISES		VENANT		
		DE FRANCE	D'ALLEMAGNE	D'AUTRICHE-HONGRIE
Tissus et articles de soie.	Vêtements et confections . . 2.600.000		5.000.000 dont : 400.000 pour confections, 1.500.000 pour fils de bourre de soie, 800.000 pour velours.	180.000
	Tissus et vêtements en pièces 3.200.000	11.850.000		
	Dentelles et broderies . . . 2.400.000			
	Rubans 300.000			
	Fils de bourre de soie (fleuret) 1.400.000			
	Velours, peluches 1.350.000			
	Tous autres 600.000			
Savon		260.000	40.000	7.000
Jouets		200.000	7.000.000	180.000
Meubles		200.000	20.000	280.000
Tissus et articles de laine		1.700.000	2.200.000	330.000

N. B. — Pour étude plus détaillée des importations françaises, allemandes et austro-hongroises aux États-Unis, en 1912, consulter l'ouvrage : *The Foreign Commerce and Navigation of the United States for the year ending June 20 th., 1912* (Washington-Gouvernement Printing Office).

Les statistiques françaises ci-jointes, embrassant la période qui va de 1902 à 1912 (inclus), complètent les renseignements que l'on vient de lire et permettent d'asseoir les bases d'un jugement éclairé.

Statistiques françaises de 1902 à 1911

NATURE des MARCHANDISES	1902	1903	1904	1905	1906	1907	1908	1909	1910	1911	1912
Résumé de l'importation américaine en France.											
Objets d'alimentation .	19,0	45,2	23,1	33,6	46,6	35,8	25,6	73,0	16,6	64,5	»
Matières nécessaires à l'industrie	367,3	451,0	409,1	422,1	474,8	557,0	261,9	637,1	524,5	672,1	»
Objets fabriqués . . .	38,5	43,5	50,6	56,6	66,5	78,1	69,6	17,5	73,0	90,2	»
TOTAUX	424,8	539,7	482,8	512,3	587,9	670,9	657,1	727,6	614,1	826,8	874,0
Résumé de l'exportation française en Amérique du Nord.											
Objets d'alimentation .	16,7	16,7	19,9	20,0	20,4	26,2	22,6	34,5	24,9	27,2	»
Matières nécessaires à l'industrie	61,9	40,1	36,9	70,6	95,0	79,1	81,8	145,6	165,9	117,7	»
Objets fabriqués . . .	169,6	197,7	193,9	204,3	286,7	290,2	210,3	293,6	265,2	234,7	»
TOTAUX	248,2	254,4	250,7	294,9	402,1	395,5	314,7	473,7	456,0	379,6	424,1

Il convient de remarquer que les importations américaines en France sont passées de 424.000.800 francs en 1902 à 874 millions de francs en 1912 (soit une augmentation de 449.200.000 en dix ans) et que la plus grande partie des produits importés sont des « matières nécessaires à l'industrie ».

En effet, dans ce chiffre de 874 millions de francs sont compris :

    486.300.000 de coton et laine.
    88.600.000 de cuivre de première fusion et minerai.
    44.300.000 d'huiles et essences de pétrole et de schiste.
    20.800.000 de bois communs.
    18.000.000 de graisses autres que celle de poisson.
    11.600.000 d'huiles lourdes et résidus de pétrole.
    10.300.000 d'huiles fixes pures (de coton, etc.).
    8.200.000 de caoutchouc et gutta-percha bruts.

Les objets fabriqués importés en France ne représentent, d'après les mêmes statistiques, qu'une valeur notablement inférieure, et le plus gros chiffre que l'on trouve dans cette catégorie pour l'année 1912 est

56.500.000 de machines et mécaniques,

et ensuite

5.100.000 de carrosserie, automobiles, cycles.

Quant aux exportations françaises aux États-Unis, elles sont passées de 248.000.200 francs en 1902 à 424.100.000 francs en 1912 (soit une augmentation de 175.900.000 en dix ans).

Si l'on recherche quelles sont les marchandises qui constituent la plus grande partie de nos exportations aux États-Unis, on s'aperçoit que ce sont des objets manufacturés et plus spécialement des produits de luxe.

En effet, dans les 424.100.000 francs de produits français exportés en 1912 sont compris :

Exportations françaises aux États-Unis en 1911-1912

(Constatées par douane américaine)

Chiffre global : *647.649.000 francs.*

PRINCIPAUX ARTICLES

Habillements	24.919.000[f]
Modes	4.879.000
Plumes	9.416.000
Fourrures	46.245.000
Ganteries	17.370.000
Dentelles et broderies	57.653.000
Produits textiles	69.390.000
Parfumerie	7.498.000
Pierres précieuses et imitation	46.708.000
Joaillerie	5.844.000
Œuvres d'art	88.048.000

Verreries.	5.726.000ᶠ
Faïences et porcelaines.	7.729.000
Vins et eaux-de-vie	35.952.000
Huiles.	14.187.000
Produits chimiques et pharmaceutiques.	24.609.000
Librairie.	3.136.000
Matériel d'imprimerie et papiers. . . .	4.822.000

De ces quelques chiffres, il résulte d'une part que les États-Unis importent chez nous *surtout des matières premières* et que nous leur rendons surtout des *produits fabriqués;* et encore, les chiffres portés sur les statistiques douanières ne donnent pas une physionomie très exacte de nos ventes aux États-Unis, puisqu'ils ne mentionnent pas les produits que les Américains et les Américaines viennent acheter en France et emportent avec eux.

A la suite de l'Exposition de Saint-Louis en 1904, une hausse considérable de nos exportations aux États-Unis se produisit. Alors qu'en 1902, 1903 et 1904 elles atteignaient une moyenne de 250 millions, elles montaient, en 1905, à 294.900.000 francs et dépassaient presque 400 millions en 1906-1907.

N'est-ce pas encourageant, et ne pouvons-nous espérer, à la suite de l'Exposition de San-Francisco, une augmentation bien plus considérable, la concurrence austro-allemande étant supprimée?

En ce qui concerne l'année 1913, il faut observer que divers événements se sont produits au cours de cet exercice qui semblaient rendre impossible toute prospérité commerciale. L'Europe entière était menacée par la guerre des Balkans, dont les conséquences pouvaient être telles que la diplomatie européenne en était obsédée ; le marché financier traversait une période de dépression et d'inquiétude, et l'industriel avisé n'agissait pas sans la plus grande prudence.

En Amérique, on attendait au mois de mars l'installation d'un nouveau président et l'inauguration d'une période de réforme douanière et fiscale. Les Américains sont toujours amenés, pendant ces époques, à un ralentissement dans leurs achats, et même à une modération sensible dans leurs dépenses journalières. Il est curieux d'observer à cet effet les fluctuations du commerce français en général et du commerce parisien aux États-Unis en particulier, puisqu'ils consistent, en très grande partie, en objets d'art et en articles de luxe.

Mais, au cours de cet exercice, on a constaté avec étonnement que les exportations aux États-Unis maintenaient leur chiffre normal. Comme la revision douanière, à cette époque pendante à Washington, ne devait avoir pour effet que l'abaissement des droits d'entrée, personne ne fut tenté de faire venir de grandes quantités de marchandises avant la promulgation de la nouvelle loi, de sorte que les exportations de la circonscription parisienne se maintinrent dans les besoins du commerce.

Si, pour l'instant, nous laissons de côté les marchandises d'origine américaine et les exportations aux Philippines, à Porto-Rico et à Hawaï, nous remarquons que les expéditions de la circonscription consulaire de Paris aux États-Unis proprement dits se sont élevées pendant le premier trimestre 1913 à plus de

82.400.000 francs, et pendant le premier semestre à 151.743.205 francs, soit 3.814.208 francs de plus que pour la période correspondante de 1912, laquelle période détenait cependant le record des exportations de Paris vers les États-Unis.

Mais ce fut surtout pendant les mois de juillet, août et septembre, alors que le Congrès discutait encore le tarif douanier et que le bruit courait que l'industrie américaine était dans le marasme, que la sécheresse endommageait les récoltes, etc., ce fut surtout à cette époque que les exportations prirent de l'extension. En effet, malgré des nouvelles si peu faites pour stimuler les affaires, le Consulat américain de Paris reçut tellement de factures que les exportations du trimestre de septembre atteignirent une valeur de 135.513.005 francs, chiffre qui n'avait jamais été atteint. Puis, durant le dernier trimestre, on enregistra un record de 119.263.200 francs, qui porta la valeur totale des exportations déclarées de cette circonscription pour les seuls États-Unis en 1913 à 406.519.411 francs, soit 2.747.813 francs de plus que l'année précédente.

Pendant la même période, les exportations destinées aux colonies nord-américaines ont atteint le chiffre de 409.519.411 francs; de 6.226.509 francs pour les Philippines, pour Porto-Rico de 1.040.763 francs, et pour Hawaï de 25.986 francs, soit 413.812.669 francs, ce qui constitue un nouveau record dans les exportations du commerce parisien aux États-Unis.

Le total des factures légalisées s'est élevé à 41.443, soit 3.432 de plus que l'année 1912 et ce nombre comprend, non seulement les exportations précitées, mais encore une valeur de 11.503.565 francs de marchandises américaines importées temporairement en France et réexportées en Amérique.

Il sera intéressant, à ce sujet, de citer rapidement quelques-uns des articles qui se sont le plus exportés pendant ces deux dernières années, pour nous former une idée sur certaines tendances du commerce. Les exportations d'automobiles et accessoires, qui atteignirent une valeur totale de 6.228.476 francs en 1912, descendirent à 3.419.728 francs en 1913. Voici quelques-unes des principales exportations :

	1912	1913
Antiquités.	40.053.469^f	44.328.970^t
Tableaux et statuaire.	77.760.727	71.306.307
Costumes.	13.534.096	14.352.066
Produits alimentaires.	4.737.500	5.312.405
Gants	4.295.615	4.418.766
Peaux et pelleteries	39.258.635	29.905.123
Bijouterie.	4.341.110	4.624.633
Dentelles et broderies	9.345.952	10.323.211
Lingerie	4.596.040	6.467.761
Modes	22.715.192	25.023.710
Parfumeries et savons	8.935.955	9.821.858
Pierres précieuses	44.181.999	39.242.448
Soies, cotons, laines	17.698.273	30.537.223

Chacun de ces treize articles, sauf trois : les tableaux, les pierres précieuses et les peaux, porte une augmentation considérable sur l'année précédente; les textiles à eux seuls, par exemple, ont une augmentation de 11.808.950 francs, soit d'environ 60 %.

Ces statistiques ne comprennent que les objets manufacturés accompagnés de factures avec valeur déclarée, et légalisées au Consulat. Elles ne comprennent pas la masse des vêtements, fourrures, dentelles, objets de mode, bijouterie, et autres articles de bon goût et de luxe qui furent exportés soit par moins de 515 francs à la fois et qui ne nécessitaient pas, par conséquent, de factures consulaires, soit par des Américains en voyage et qui les emportaient chez eux dans leurs malles. Si on connaissait la valeur des objets ainsi exportés, elle ferait certainement monter le chiffre des exportations de la circonscription parisienne à plus de 463.500.000 francs.

On se demandera naturellement jusqu'à quel point la nouvelle loi douanière américaine, qui est entrée en vigueur en octobre dernier, a pu stimuler les importations de France et ainsi être la cause des expéditions considérables de cette circonscription pendant les six derniers mois de l'année. On ne peut, bien entendu, répondre d'une façon exacte; mais s'il est évident que la modification des droits d'entrée n'a pas contribué, pour une large part, au relèvement des exportations parisiennes aux États-Unis, il est très probable qu'à l'avenir elle favorisera beaucoup ces exportations. Il est vrai que, pendant le trimestre de septembre, les exportations furent le plus élevées, et que la valeur de celles du trimestre de décembre vint immédiatement après, la valeur totale des expéditions aux seuls États-Unis pendant les six derniers mois ayant été estimée à 254.776.206 francs, et celle du premier semestre à 151.743.205 francs. Mais, précisément, ce même écart fut observé en 1912 et en 1911, alors qu'aucune modification douanière n'était en vue.

Nous avons donc vu que le commerce d'exportation de la circonscription parisienne avec les États-Unis s'est élevé d'une façon normale et régulière de 212.968.506 francs en 1902, à plus de 412.000.000 francs en 1913, et que ce remarquable développement s'est maintenu pendant une année où l'on revisait le tarif douanier, cependant qu'à l'étranger les finances et le commerce se trouvaient dans une situation languissante. Puisque ce commerce d'exportation a pu s'accroître au double en l'espace de onze années, c'est qu'assurément il repose sur des conditions sûres et durables d'offre et de demande. Il n'y a à l'horizon aucun nuage, aucune brèche n'a été faite à l'étroite et centenaire amitié qui existe entre la France et les États-Unis : leur commerce n'a donc pas à craindre d'obstacle qui vienne en retarder le développement.

Il ne nous reste donc plus qu'à jeter un coup d'œil sur la situation des autres circonscriptions consulaires américaines, et à donner les résultats du commerce d'exportation entre les États-Unis et leurs colonies et la France entière.

Des quinze circonscriptions consulaires en France, toutes, sauf Bordeaux et le Havre, accusent une importante augmentation sur l'année précédente. Ceci s'applique particulièrement aux circonscriptions d'où l'on exporte le plus de textiles, et où la soie, la dentelle et autres articles de mode sont les plus importants produits fabriqués. La ville de Lyon, par exemple, accuse un total d'exportations dont la valeur s'élève à 65.835.776 francs, soit une augmentation de 9.319.455 francs sur 1912. Roubaix augmente ses exportations d'une valeur de 3.437.831 francs, Calais de 4.654.806 francs, et Saint-Étienne exporte pour une valeur totale de 22.511.031 francs, soit une augmentation de 5.790.726 francs ou environ 26 % de plus que l'année précédente.

Au Havre, l'écart en moins de 5.274.207 francs pour 1913 est dû entièrement à ce fait qu'en 1912 d'énormes chargements de café furent, pour des raisons exceptionnelles, réexportés de ce port aux États-Unis, ce qui fit monter les exportations totales pour cette année-là à un chiffre anormal. Mais en 1913 les exportations du Havre se sont élevées à 17.355.242 francs, soit une augmentation de 956.653 francs sur 1911, alors que le commerce menait son train habituel; ces chiffres nous fournissent donc la preuve d'un développement régulier du commerce d'exportation.

Mais le progrès considérable des treize autres circonscriptions consulaires a largement compensé la baisse du Havre et de Bordeaux, de sorte que le total des exportations déclarées par toute la France aux États-Unis et ses dépendances, ont atteint, pendant l'année 1913, le chiffre de 725.285.724 francs, soit une augmentation de 19.338.929 francs sur celles de 1912, ce qui fut le record de toutes les années précédentes.

Ainsi donc, nous avons vu que les exportations françaises aux États-Unis se sont élevées de 615.857.709 francs en 1911 à 725.285.774 francs en 1913, soit une augmentation de plus de 100 millions de francs en moins de trois années.

*
* *

Une des causes principales qui empêchent nos producteurs et commerçants d'exporter est l'extrême rigueur des lois douanières américaines.

Cette question est la plus complexe et la plus irritante qu'il soit, il nous faut l'examiner dans ses détails pour comprendre les griefs formulés par nos exportateurs.

Les majorations et les outrances du tarif douanier nord-américain dont se plaignent le plus vivement nos commerçants ont trait à la déclaration contrôlée, au régime des porcelaines de Limoges, à l'interdiction du sol américain à certaines plumes de parure, à l'impossibilité de fait d'y importer en franchise nos œuvres d'art modernes, à l'obligation de faire figurer certaines mentions sur les bouteilles de nos vins envoyées aux États-Unis, etc., etc.

Les procédés employés en France par les agents du fisc américain ont soulevé d'unanimes protestations. D'aucuns sont même allés jusqu'à dire qu'il s'agissait d'un véritable système d'espionnage commercial.

LA DÉCLARATION CONTROLÉE (¹)

La majeure partie des droits du tarif américain sont des droits *ad valorem*. Cette valeur des marchandises est, à l'entrée des États-Unis, déclarée par les importateurs. Pour s'assurer de la sincérité des déclarations, la loi nord-américaine recourt à des procédés effarants. Qu'on en juge plutôt.

____

(1) Rapport n° 243 présenté le 7 juillet 1914 par M. Geo Gerald, député.

L'article 2 de la section 4 du nouveau tarif stipule que, si un importateur refuse de soumettre toute sa comptabilité, livres et registres, à l'examen des agents du fisc, la douane américaine peut percevoir, aussi longtemps qu'elle le jugera à propos, une surtaxe de 15 % *ad valorem* sur ses importations.

Les droits d'inquisition ainsi exercés par le fisc américain doivent être entendus au sens le plus large. C'est ainsi que des fabricants de dentelles suisses de Saint-Gall, étant en difficultés avec la douane des États-Unis, proposèrent de lui soumettre la partie de leurs archives relative à leur commerce avec l'Amérique du Nord. Cette offre fut rejetée et la production totale desdites archives exigée... sans résultat d'ailleurs.

Dans leur ardente volonté d'investigation fiscale, les Nord-Américains sont encore allés plus loin. Ils ont demandé à toutes les nations d'envisager les avantages qu'elles retireraient du vote d'une loi exigeant de leurs nationaux faisant le commerce avec l'Amérique une déclaration sous serment, au consulat américain, pour leurs expéditions aux États-Unis, et prévoyant des pénalités pour toute fausse déclaration. Moyennant le vote de cette loi, les Américains renonceraient à examiner par eux-mêmes la comptabilité des exportateurs.

C'est, croyons-nous, la première fois qu'une nation demande à d'autres peuples de créer des lois pénales pour assurer le plein rendement de ses propres droits de douane.

Aussi bien, les droits d'investigation personnelle

que les États-Unis prétendent se ménager en territoire
étranger que leur prétention d'y faire voter à leur
profit des lois pénales, paraissent peu conciliables avec
les principes admis par le droit international public.

LE RÉGIME DES PORCELAINES DE LIMOGES

Pour déterminer la valeur des porcelaines de
Limoges importées en Amérique, un accord est inter-
venu, le 1ᵉʳ septembre 1908, entre le Trésor nord-américain et la Chambre de Commerce de Limoges.

Cet accord stipule qu'il ne sera fait aucun changement à la liste de valeurs correspondant aux différents
types de porcelaines ainsi adoptés comme base de
perception, sans un avis préalable donné par le Gouvernement américain à la Chambre de Commerce.

Or, voici qu'aujourd'hui le Trésor américain pré-
tend contester les déclarations faites sous le régime
de l'accord qu'il a lui-même accepté, et qu'il réclame
aux porcelainiers de Limoges une vingtaine de millions à titre de pénalité pour une fraude imaginaire.

Et il produit à l'appui de sa poursuite cette alléga-
tion, que l'accord signé par lui reposait sur des bases
inexactes.

On n'est pas plus talon rouge.

Sans doute, l'affaire n'est pas terminée et le fisc
nord-américain aurait, aux dernières nouvelles, sur
l'intervention personnelle du Président Wilson, con-
senti à mettre hors de cause cinq des porcelainiers
primitivement poursuivis.

Cette demi-satisfaction qui, de la part des États-Unis, n'exclut d'ailleurs pas l'arbitraire, ne change rien à la gravité de l'acte de la douane nord-américaine, reniant la parole qu'elle avait donnée. De cette parole, les tribunaux des États-Unis ont été plus respectueux que leur douane, puisqu'ils ont toujours donné tort à celle-ci dans ses procès avec les porcelainiers limousins.

PROHIBITION D'IMPORTATION DE CERTAINES PLUMES

Le nouveau tarif nord-américain prohibe l'entrée des aigrettes et plumes d'oiseaux sauvages, manufacturées ou non. L'interdiction ne s'applique pas, toutefois, aux plumes d'autruches et d'oiseaux de basse-cour de toutes sortes.

Cette prohibition s'inspire du désir de protéger les oiseaux sauvages.

Les maisons parisiennes auxquelles elle porte un préjudice considérable font observer qu'elle atteint peu son but avoué, puisque la destruction des oiseaux et la vente de leur dépouille restent toujours libres et possibles à l'intérieur du continent américain.

Ces maisons n'aperçoivent pas non plus comment la défense d'importation des plumes artificielles peut protéger les oiseaux.

Elles sont, dès lors, fondées à voir dans cette mesure une arme spécialement dirigée contre elles, et à réclamer, tout au moins, l'exclusion de cette prohibition d'importation des oiseaux comestibles ou nuisibles ainsi que des plumes faisant partie de la toilette des personnes entrant aux États-Unis.

OBSTACLES A L'IMPORTATION EN FRANCHISE
DE NOS ŒUVRES D'ART MODERNES AUX ÉTATS-UNIS
D'AMÉRIQUE

Le tarif nord-américain du 3 octobre 1913 a accordé l'entrée en franchise sur le territoire nord-américain de toutes les œuvres d'art originales.

Les « chinoiseries » de la douane rendent cette prescription inopérante.

Le fisc, en effet, n'accorde la franchise qu'aux originaux, à l'exclusion des copies, réductions et autres faites par l'artiste lui-même.

L'impossibilité à peu près constante de prouver qu'un tableau est la première œuvre effectuée par l'artiste d'après le motif traité, abolit, pour la majorité de nos œuvres d'art, la franchise d'entrée posée en principe par le législateur nord-américain.

L'ÉTIQUETAGE DES BOUTEILLES AUX ÉTATS-UNIS

La loi américaine du 30 juin 1906, dite « Pure Food Law » ou « loi de l'aliment pur », exigeait simplement que les indications contenues sur le récipient d'un produit alimentaire fussent conformes à la réalité.

Une nouvelle loi oblige, à partir du mois de septembre 1914, les importateurs à indiquer la contenance de leurs récipients.

En outre, plusieurs États de l'Union ont voté sur « l'étiquetage » des lois particulières. C'est ainsi qu'en Floride toute bouteille de vin doit porter sur une étiquette principale la raison sociale, la quantité de vin (en mesures américaines) et la force alcoolique de ce vin.

Ces diverses obligations constituent, tout au moins pour nos vins de Champagne, de véritables prohibitions d'entrée du sol américain.

Les bouteilles champenoises doivent, à raison des fortes pressions qu'elles supportent, être faites à la main et par le souffle de l'homme. Aussi est-il impossible de préciser leur contenance mathématique.

De même le degré alcoolique des vins de Champagne varie à chaque récolte, suivant l'état et la provenance du raisin. Le commerçant qui mélange à chaque expédition des vins d'années et de crus différents ne peut donc encore là préciser de façon mathématique la teneur alcoolique.

Il semble donc bien que notre commerce de champagne avec les États-Unis ne puisse subsister qu'au prix d'un assouplissement de la législation américaine sur l'étiquetage.

PROCÉDÉS DE LA DOUANE NORD-AMÉRICAINE

Nous abordons ici l'étude de procédés hautement condamnables employés par la douane des États-Unis en France et que, nous n'en voulons pas douter un instant, la nation américaine ignore et réprouvera avec indignation dès qu'elle les connaîtra.

Des incidents récents ont mis en pleine lumière les méthodes d'investigation ténébreuses auxquelles recourent, sûrement à l'insu de leur Gouvernement, les agents du fisc des États-Unis, méthodes plutôt dignes d'espions que de gens de cœur.

Sans entrer dans le détail de ces incidents, et en faisant toutes réserves sur les exagérations auxquelles ils auraient pu prêter, il semble bien que les agents plus ou moins officiels de la douane américaine en France ne reculent devant rien pour se procurer les renseignements dont ils ont besoin : menaces aux exportateurs que sanctionnent de l'autre côté de l'Atlantique les brimades opportunes de la douane nord-américaine, plus spécialement de la douane de New-York, prise de fausses qualités pour se faire renseignement ou montrer une comptabilité, corruption donner un d'employés afin qu'ils laissent copier ou photographier leurs livres, au besoin même vols de correspondance, tels seraient quelques-uns des procédés de la douane américaine à Paris.

Cette activité singulière, tout au moins par les moyens qu'elle emploie, ne bénéficierait pas seulement au fisc des États-Unis. Certains industriels d'outre-Atlantique, en concurrence avec les nôtres, trouveraient, dit-on, eux aussi moyen d'en tirer profit.

Il est superflu d'indiquer combien inadmissible apparaît sur notre territoire l'emploi au profit d'une douane étrangère de méthodes d'investigation réservées chez nous au seul pouvoir judiciaire et dont l'emploi, par ce dernier, est subordonné à de nombreuses règles constituant autant de garanties pour les citoyens.

Nous devons d'ailleurs ajouter que, d'après certaines informations toutes récentes, le Gouvernement des États-Unis se serait actuellement ému des scandales que constituent les agissements des agents de la douane nord-américaine à Paris et étudierait le moyen d'y mettre un terme. Il ne serait que temps.

*
* *

On ne saurait trop appeler l'attention sur la nécessité impérieuse d'une union qui doit se manifester toujours plus étroite, de toutes les forces qui concourent à ce double but d'extension et de défense commerciale. Elle doit exister non seulement entre le Gouvernement et les commerçants, mais aussi entre les intéressés eux-mêmes. Il est bien difficile, en effet, à un commerçant isolé d'intenter et de suivre une action judiciaire devant les juridictions étrangères : c'est par une action conjuguée de tous, dans une de ces formations corporatives dont il existe quelques exemples, que l'on pourra faire respecter nos droits à l'étranger, certains d'être soutenus dans nos légitimes revendications par le Gouvernement.

Nous trouvons un exemple des difficultés avec lesquelles nos commerçants et le Gouvernement peuvent se trouver aux prises dans l'état actuel de nos relations économiques avec les États-Unis.

On a fait en maintes circonstances et en particulier à propos de la participation de la France à l'Exposition de San-Francisco, un tableau peu séduisant de ces relations. En effet, la législation intérieure des États et les conditions dans lesquelles sont appliquées les lois rendent singulièrement méritoire l'effort de nos commerçants qui ont pénétré le marché américain, mais il est heureux de constater aussi que déjà les démarches faites en vue de faire aboutir de justes revendications ont été en partie couronnées de succès. Ainsi, c'est avec raison qu'on a souligné particulièrement le préjudice très grave que cause à nos industries l'absence d'une protection sérieuse de la propriété industrielle aux États-Unis. On a appelé l'attention du Gouvernement fédéral sur le tort que les défectuosités de la législation américaine causent aux intérêts de nos nationaux. Sur ce point, nous avons obtenu un résultat, et qui mérite d'être souligné : une loi édictée à l'occasion de l'Exposition de San-Francisco assure la protection la plus absolue des dessins et modèles et de tous les objets exposés à la « Panama Pacific Exposition ». Certes, cette loi est un acte de circonstance, elle ne s'applique qu'à l'Exposition de San-Francisco et sa durée n'excédera pas quatre années ; mais nous avons obtenu un acte de plus : au mois de janvier dernier, le Parlement des États-Unis a été saisi d'un projet de loi qui instituerait d'une façon durable la protection efficace des dessins et modèles, établissant enfin une distinction entre ces dessins et modèles et les brevets, qui, jusqu'à ce jour, étaient confondus dans un même texte ; et l'impossible doit être fait pour obtenir le vote de cette loi, qui est conforme aux grands principes de législation européenne.

Nous voyons ce que peuvent des efforts sagement coordonnés ; mais il ne suffit point que les lois soient votées, il faut que nos groupements commerciaux veillent à leur application. On a souvent cité, à ce sujet, un exemple qui nous intéresse tout particulièrement : nous voulons parler de ces maquillages de robes de nos grands couturiers, dont des postiches américains se parent d'une signature apocryphe. Mais ici, précisément, nous avons une loi fédérale qui devrait assurer le respect des marques de fabrique.

C'est ici qu'apparaît la nécessité d'une action mutuelle de tous les commerçants intéressés. C'est par cette action collective que nous parviendrons à affirmer notre force à l'étranger et à obtenir des juridictions des différents pays les effets que nous sommes en droit d'en attendre.

C'est précisément en vue d'étendre notre marché national que le Gouvernement français, acceptant l'invitation des grands États, s'est officiellement fait représenter dans des expositions qui, sur tous les points du globe, ont affirmé la grandeur, la force et la beauté de nos industries. Certains ont critiqué d'avoir accepté l'invitation du Gouvernement des États-Unis de se rendre à l'Exposition de San-Francisco. S'il s'était agi de prendre l'initiative d'une exposition mondiale se déroulant sur les côtes du Pacifique, on pourrait comprendre une telle critique, mais telle n'est point la question : l'Exposition est organisée par les Américains; elle devait s'ouvrir avec nous ou sans nous; et toute la question était de savoir si nous devions paraître ignorer le marché américain, alors que nous tenons aux États-Unis le troisième rang, que nous leur fournissons leurs principaux articles de luxe, que nous leur vendons plus de 700 millions de marchandises, que chaque année souligne un accroissement de notre chiffre d'affaires, et que, malgré toutes les difficultés hérissées par des barrières douanières formidables, nous voyons sur tous les points s'affirmer davantage le prestige de l'industrie française aux États-Unis. Nous détourner en un pareil moment du marché américain serait laisser le champ libre à nos rivaux; ce serait perdre le bénéfice moral que nous vaut une amitié plus que séculaire, et ce serait risquer de compromettre l'attrait prestigieux que notre pays et que nos productions exercent sur l'esprit américain.

Au contraire, nous devons saisir toutes les occasions pour affirmer la communauté d'intérêts entre les deux grandes républiques et resserrer toujours davantage les liens qui nous unissent à ce pays, égal en superficie à l'Europe, qui compte aujourd'hui plus de 100 millions d'habitants, et qui, par sa merveilleuse puissance d'achat, offre un champ si vaste à toutes les tentatives commerciales.

*
* *

Actuellement, un fait prime tout : l'Allemagne est, encerclée, mise dans l'impossibilité de se livrer à n'importe quel trafic ou négoce. C'est notre devoir absolu de lui arracher la place qu'elle occupait dans le monde, et puisque le marché des États-Unis offrait à son commerce une prodigieuse activité, nous devons profiter des circonstances pour prouver aux Nord-

Américains que nos produits sont au moins égaux, sinon supérieurs.

Voyons tout d'abord quels sont les articles pour lesquels notre situation est prépondérante ?

Quels sont ceux que tenait le marché allemand et que nous serions à même de lui enlever ?

Enfin, quels sont les produits dans la fabrication desquels l'Allemagne faisait montre d'une supériorité qui lui en assurait le monopole ?

Aux États-Unis, la France arrive bonne première avec ses vins de Champagne, vins fins en bouteilles, spiritueux, conserves de luxe (viandes fines), conserves de légumes, conserves de fruits, soieries, rubans, dentelles, vêtements élégants pour dames, modes, gants, bijouterie, diamants (et pierres non taillées), pierres précieuses taillées mais non montées (y compris les perles), porcelaine fine, automobiles et accessoires, œuvres d'art.

Les Allemands s'étaient fait une spécialité, difficile à leur enlever, avec les articles suivants : jouets de toutes sortes, teinture pour étoffes, couleurs, produits pharmaceutiques ou photographiques, poteries, verres et cristaux, tissus, lingeries, vêtements et articles confectionnés pour hommes, vêtements à bon marché pour femmes, papier et ses applications, peaux préparées, ouvrages en peaux ou cuir, pelleteries préparées ou confectionnées, orfèvrerie, bijouterie commune et de fantaisie, horlogerie et fournitures d'horlogerie, tabletterie, brosserie, bimbeloterie, porcelaine commune.

De plus, l'Allemagne possédait en quelque sorte le monopole de l'exportation des instruments de musique, des appareils scientifiques et des produits chimiques.

Différents moyens ont été envisagés pour concurrencer efficacement le commerce allemand.

Divers groupements français et américains ont proposé des moyens d'action ; parmi ceux-ci nous signalerons comme très intéressante la communication faite par « The Merchants' Association of New-York » (233, Broadway, Woolworth Building). Cette association expose, dans un long rapport, comment elle se propose de coopérer au développement des relations commerciales entre la France et les États-Unis.

La « Merchants' Association » de New-York compte plus de 3.500 membres, tous commerçants et fabricants notables de cette place.

Elle a constaté qu'en raison des circonstances actuelles et de la diminution de la production qui en résulte dans les pays belligérants, un certain nombre d'articles et produits américains font l'objet d'une demande très accrue.

Or, l'établissement de rapports entre acheteurs et vendeurs présente souvent des difficultés ; la « Merchants' Association » offre d'intervenir à titre officieux et gracieux pour faciliter ces relations et pourparlers d'affaires.

Les personnes désirant acheter ou vendre aux États-Unis peuvent donc s'adresser à ladite association, et, grâce à ses bons offices, elles seront immédiatement mises en relations avec ceux de ses membres que la proposition intéressera.

Il est recommandé de spécifier clairement, dans les

demandes, les quantités, qualités, délais de livraison, modes de paiement, etc.

Les acheteurs français qui se rendraient aux États-Unis sont assurés d'être bien accueillis par le bureau de la « Merchants' Association » qui avisera ses membres de leur arrivée, et facilitera à tous points de vue, à nos nationaux, leurs recherches et leurs pourparlers.

Dès le 30 septembre 1914, la Chambre de Commerce française de New-York écrivait à l'Office national du Commerce extérieur :

« Les Allemands s'étaient emparés, presque complètement, du commerce des jouets, des teintures pour étoffes, des produits pharmaceutiques servant à la fabrication des remèdes et des drogues, des produits photographiques et de la crème de tartre. Il ne vient plus aucun de ces produits d'Allemagne, et certainement les Américains ne pourront pas suffire à la production. Par exemple, on dit que l'on sera obligé de ne porter que des bas blancs, parce qu'il n'y a plus de produits tinctoriaux dans les fabriques. Malheureusement, nous n'avons pas ici de Français pouvant s'occuper de la vente de ces marchandises et nous sommes, comme toujours, obligés de nous adresser aux étrangers. Nous pensons que les grands magasins de New-York et d'autres villes pourraient vendre les jouets et les produits employés dans la photographie. Ces derniers ont considérablement augmenté de prix.

« En 1913, les importations de jouets ont été de 825.518 dollars, et de 809.120 dollars en 1914.

« Les films non exposés pour projection lumineuse

importés en 1913 sont évalués à 1.735.042 dollars et, en 1914, à 4.264.722 dollars. Les produits chimiques de toutes sortes, de provenance allemande, donnent, pour 1913, un total de 5.766.600 dollars et, pour 1914, de 5.965.537 dollars. »

Le 23 novembre 1914, la Chambre de Commerce faisait parvenir à la même direction une nouvelle communication dont nous extrayons le passage suivant :

« Depuis que nous vous avons écrit, les conditions se sont modifiées, et les Américains ont pu se procurer quelques produits qui leur manquaient, entre autres les teintures pour étoffes.

« Quant aux jouets, il s'en fabrique une certaine quantité, à New-Bedford et à Winchendon principalement, quoique d'autres villes aient aussi des usines spéciales pour les jouets. Il est juste d'ajouter qu'ils ne valent pas les nôtres, et nous vous prions d'obtenir les noms de nos maisons françaises qui en font une spécialité à Paris, avec les renseignements et les prix, et nous irons les offrir dans les magasins afin d'avoir des commandes pour Noël.

« Les fabricants parisiens pourraient aussi voir les acheteurs des grands magasins américains de New-York et de Philadelphie, et insister en leur offrant leurs jouets. L'achat de ces jouets serait une double bonne action : un peu d'argent pour nos ouvriers et une satisfaction pour les petits Américains.

« Il manque toujours des produits pour la pharmacie et la photographie. »

La Chambre de Commerce française de New-York ajoute que la société des « Merchants and Manufacturers' Sales Syndicate (Inc.) » a installé, dans un grand bâtiment de la 45ᵉ rue et au coin de Lexington avenue, près de la gare du chemin de fer du Grand Central, une exposition pour les manufactures du pays. Depuis quelque temps, déjà, cette société rechercherait des exposants français désireux d'envoyer à New-York des échantillons de leur production; elle fait payer un loyer variable suivant l'emplacement, et elle montre les articles aux futurs acheteurs.

Dans ses dossiers commerciaux, où l'on puise tant de renseignements utiles et qui sont malheureusement si peu connus du public auquel ils s'adressent, l'Office national du Commerce extérieur a publié diverses notes sur ce sujet si intéressant de la concurrence aux produits allemands dans différentes régions des États-Unis d'Amérique.

C'est ainsi que, le 14 octobre 1914, l'Office signalait le marché de la région de la Nouvelle-Orléans : ·

« Le moyen le plus pratique pour introduire nos produits en grand nombre sur le marché de la Nouvelle-Orléans serait de confier à des agents, venus spécialement de France, la représentation de plusieurs maisons françaises importantes. Ces agents devraient savoir parfaitement l'anglais et être autant que possible au courant des goûts, us et coutumes des États du Sud. Il en est de cette entreprise comme de toutes les autres : les vendeurs français doivent pouvoir et savoir faire les sacrifices nécessaires pour enlever aux concurrents allemands et autrichiens l'importante clientèle américaine qu'ils se sont constituée dans cette région.

« Les articles d'importation suivants, de provenances

allemande et austro-hongroise, sont susceptibles d'être remplacés par des articles français :

« *Produits chimiques, teintures, couleurs, poteries, verres et cristaux, tissus.* — Tous ces articles trouvent placement dans toutes les sortes, particulièrement les tissus. La Nouvelle-Orléans est un pays tropical, mais à hiver européen au point que les hôtels et maisons neuves sont pourvus du chauffage central. Le printemps et l'automne y sont de très courte durée. Le choix, dans les échantillons de tissus, doit donc s'inspirer de cette climatologie spéciale et comprendre surtout des tissus d'été et d'hiver. Par température d'été, il faut entendre une température variant entre 30° et 40° de chaleur, d'une durée de quatre mois environ.

« *Lingerie, vêtements et articles confectionnés.* — Les articles de meilleure défaite sont les bas, chaussettes, chapeaux, gants et linge de corps. Voir le paragraphe précédent, qui s'applique également à ces articles.

« *Papier et ses applications, peaux préparées, ouvrages en peau ou en cuir, pelleteries préparées ou confectionnées, orfèvrerie et bijouterie, bijouterie fantaisie, horlogerie et fournitures d'horlogerie.* — Pour tous ces articles il serait utile d'apporter des échantillons variés, particulièrement en marchandises à bas prix. Les formes et dessins les plus étranges peuvent trouver preneur dans la clientèle de la campagne et chez la population nègre, qui compte 125.000 âmes à la Nouvelle-Orléans seulement. Il serait bon d'y ajouter, en petit nombre, des échantillons de produits à prix modérés et même élevés pour la clientèle riche, créole et américaine.

« *Machines, outils et ouvrages en métaux.* — Le débouché en est restreint, et seulement pour les outils et machines brevetés.

« *Meubles et ouvrages en bois.* — Quelques vieux meubles peuvent trouver preneur. L'article viennois courant est assez en faveur.

« *Instruments de musique.* — Le marché de ces articles est peu important. On trouve à placer quelques instruments de choix signés de fabricants connus.

« *Carrosserie (voitures automobiles et autres), ouvrages en caoutchouc.* — Débouché à peu près nul.

« *Linge ouvré.* — Les articles courants sont les broderies et dentelles à bas prix, la lingerie de femme à bas prix et prix modérés. Débouché très restreint pour la lingerie fine.

« *Instruments et appareils scientifiques.* — Il y a placement pour les instruments et appareils brevetés.

« *Tabletterie, éventails, brosserie, bimbeloterie.* — Débouché important pour tous les articles de ces spécialités.

« La plupart des articles d'importation allemande et austro-hongroise précités ont leurs similaires en France; la préférence qui a été accordée à nos concurrents provient du bas prix de leurs produits. C'est d'ailleurs là un fait caractéristique de tous les marchés étrangers où nous nous trouvons en concurrence.

« D'après les habitudes locales, les paiements se font soit au comptant contre remise des connaissements, plus souvent encore à quatre-vingt-dix jours de la date de la facture ou de l'arrivée des commandes. »

Et l'Office national du Commerce extérieur ajoutait à

cette note une liste de maisons de la Nouvelle-Orléans auxquelles nos exportateurs pourraient s'adresser.

Pour la région de San-Francisco le même office publiait, le 23 octobre 1914, le document suivant :

« La Californie compte une population de langue allemande très nombreuse, et adonnée principalement au commerce. Cette population est naturellement portée à favoriser les importations de son pays d'origine; d'autre part, certains articles allemands, comme les instruments de musique et les appareils scientifiques, jouissent d'une réputation qu'il est difficile de combattre; enfin, quelques marchandises, tissus, lingerie, vêtements, sont offertes à des prix plus avantageux que les nôtres.

« Les conditions de vente et les facilités de paiement diffèrent avec chaque cas particulier, suivant l'importance des ordres, la solvabilité des parties contractantes, etc. Il n'est pas possible de fixer une règle générale. Les maisons intéressées devront s'entendre directement avec les acheteurs. Il est d'ailleurs recommandé à ces maisons de présenter leurs offres sans faire allusion aux événements actuels. »

Suivait la liste des principales maisons auxquelles nos commerçants et industriels pouvaient faire des offres de service.

Nous avons relevé dans cette liste 39 adresses pour les produits chimiques, 6 pour les fleurs artificielles, 34 pour les livres, 27 pour l'épicerie en gros, 12 pour les nouveautés, vêtements, linge et articles divers, genre magasins « Louvre » et « Printemps », 14 pour la quincaillerie et ustensiles divers, maisons de gros,

4 pour la faïence, porcelaine et verre, 12 pour la bijouterie fantaisie, 12 pour la joaillerie en gros, 7 pour l'horlogerie, 6 pour les cuirs divers, 6 pour les spécialités en cuir, 9 pour les produits pharmaceutiques en gros, 9 pour les instruments de musique, 7 pour les jouets, 20 pour les vins et spiritueux.

Il y a place sur les marchés américains pour tous les produits français. — Prenons un exemple, la tannerie française, et examinons les débouchés que cette industrie pourrait trouver aux États-Unis :

La tannerie française produit en très grande quantité des cuirs tannés et séchés en croûte : or, les fabricants américains de courroies achètent un peu dans tous les pays du monde des croupons en croûte qu'ils corroient eux-mêmes.

La demande actuelle se porte principalement sur des croupons de 10 à 20 et 20 à 30 livres anglaises (soit $4^{kg}820$ à $9^{kg}072$ et $9^{kg}072$ à $13^{kg}608$); on recherche les cuirs spécifiquement légers.

Les fabricants de courroies qui ne font pas eux-mêmes le travail de corroirie, achètent les croupons finis coupés en trois pièces dans le sens de la longueur et étirés avant la sèche. Il y aurait là, pense-t-on également, pour le commerce français, un très grand débouché.

La partie du milieu, appelée « centre », mesure de 50 à 76 centimètres; les deux côtés (sides) ont les mêmes dimensions.

Les droits d'entrée sur le cuir pour courroies de transmission s'élèvent à 5 % de la valeur.

En dehors de ces articles, les fabricants de cour-

roies achètent également des croupons longs, c'est-à-
dire des croupons avec cols.

Les marchandises sont vendues de deux façons : ou
bien au port d'embarquement, ou bien à New-York.

Les paiements se font en chèques sur New-York,
et au comptant, à l'arrivée de la marchandise, sous
3 °/₀ d'escompte.

Pour faire une expédition aux États-Unis, le con-
naissement doit être accompagné d'une facture consulaire délivrée par le consul des États-Unis ressortant
du district où habite l'exportateur.

Les quantités de ces cuirs absorbées par les maisons
américaines peuvent se chiffrer actuellement par
100.000 croupons par an, représentant une valeur
approximative de 5.500.000 francs.

Il est à conseiller de dresser la facture en poids
anglais et en dollars; lorsque cette facture ne dépasse
pas la valeur de 500 francs, la facture consulaire n'est
pas exigée.

On pense que si les tanneurs français voulaient faire
l'essai d'exporter aux États-Unis les deux produits
dont il s'agit, ils y trouveraient un débouché considérable qui leur donnerait entière satisfaction.

Une commission a été constituée pour rechercher
les moyens de développer les relations commerciales
entre la France et la Russie, pourquoi ne créerait-on
pas une commission identique qui s'occuperait spécialement des États-Unis et de la France dans leurs
rapports commerciaux?

Pour prendre la place des Allemands, il faut d'abord
connaître dans le détail les savants procédés qui leur

ont permis de nous éliminer du marché américain. Une enquête s'impose au début des travaux de la commission.

Il est nécessaire que cette enquête soit très rapide, afin qu'à la veille même de la cessation des hostilités, nous soyons prêts à entrer en campagne. Les membres du comité devront donc chercher les moyens pratiques et efficaces de pénétrer le marché américain.

On pourrait entrer dans la période d'action et envoyer aux États-Unis une mission dont les principaux éléments seraient pris parmi les intéressés, c'est-à-dire les chefs de nos grandes industries et de nos plus importantes maisons d'exportation, pour jeter les bases de l'avenir et nouer sur place des relations d'affaires.

Les Chambres de Commerce devront prendre alors l'initiative du mouvement et pousser nos compatriotes, trop longtemps attachés à leur coin de feu, à sortir de leur pays pour aller chercher fortune au dehors. C'est encore une œuvre de défense nationale, à laquelle on doit attacher son prix, une revanche supérieure qui doit nous indemniser de tout ce que nous avons perdu et de tout ce que nous avons souffert.

Il est bon que nous ayons participé officiellement à l'Exposition de San-Francisco malgré la guerre déchaînée, mais toutefois il faut bien se garder d'envisager le résultat de notre participation à l'Exposition californienne comme devant se traduire par un gain immédiat. Il s'agit surtout, et l'on peut dire uniquement, de poser des jalons et de répandre des semences qui germeront dans un avenir probablement peu éloigné, et cela est considérable. Or, pour atteindre des résultats pratiques il faut consentir des sacrifices, car il importe infiniment que nos prix de vente, à qualités égales, ne soient pas plus élevés que ceux de nos rivaux, quand nous devrions pour commencer vendre sans bénéfices en nous réservant de réorganiser plus tard les méthodes du travail français, de façon à atteindre au bon marché germanique, seule raison de son succès. On comprend que le prix de vente d'un objet ait une influence prépondérante sur l'esprit d'une foule à revenus modestes et au goût formé, perverti même par la vue des horreurs de l'industrie teutonique, chaque fois qu'elle veut aborder les articles de prétendu luxe.

En somme, la colossale foire de l'Ouest américain doit être surtout pour nous l'occasion de lancer nos marchandises, car une exposition universelle constitue la plus merveilleuse et la plus gigantesque des réclames... ce qui d'ailleurs n'empêchera pas, au contraire, d'y joindre de la réclame ordinaire aussi habile et aussi abondante que possible.

Une chose non moins indispensable est l'envoi sur place de nombreux et excellents voyageurs de commerce connaissant bien l'anglais ainsi que les goûts et les usages du pays.

Comme rien n'est plus habile que de battre l'ennemi avec ses propres armes, il conviendra d'organiser le crédit sur le modèle des Allemands, ce qui sera d'autant plus indispensable que la clientèle américaine est habituée aux grandes facilités consenties par eux.

On pourrait envisager également la création de succursales de grandes banques, ou tout au moins de correspondants de ces banques, dont le rôle consisterait à escompter le « papier » des commerçants et à donner des renseignements sur le crédit et la solvabilité de la clientèle.

Les commerçants verraient ces créations avec un vif intérêt. Ils enverraient leurs marchandises en toute sécurité et cela faciliterait grandement les échanges.

Du reste, à titre de réciprocité, les banques américaines pourraient avoir aussi des correspondants et des succursales dans les principales régions de notre pays.

Les relations commerciales franco-américaines ne pourraient qu'y gagner.

Il faudra jouer serré afin de nous implanter solidement aux États-Unis en vue de l'assaut que, la guerre finie, les germaniques ne manqueront pas de donner pour reconquérir leurs positions, aidés qu'ils seront par leurs compatriotes si nombreux outre-Atlantique.

La débâcle du militarisme prussien entraînera la ruine du marché allemand, il ne faut pas que nous lui donnions le temps de se reconstituer sur de nouvelles bases.

De nouveaux débouchés s'ouvrent à notre activité économique, sachons en tirer parti et nous triompherons dans cette œuvre de conquête pacifique comme nous triompherons dans le rude combat des armes.

ANNEXE

COMMERCE ENTRE LA FRANCE ET LES ÉTATS-UNIS

(*D'après les documents de la* Statistique *générale de la* France *et les documents statistiques réunis par l'Administration des Douanes sur* le Commerce de la France.)

Commerce entre la France et les États-Unis.

ANNÉES (3)	IMPORTATIONS TOTALES (1) de France aux États-Unis (statistiques américaines) — Dollars (4)	EXPORTATIONS TOTALES (2 des États-Unis en France (statistiques françaises — Francs (4)
1822.	6.090.000	27.416.000
1823.	5.667.000	39.808.000
1824.	7.192.000	50.950.000
1825.	10.964.000	41.301.000
1826.	8.579.000	54.978.000
1827.	8.527.000	53.236.000
1828.	9.391.000	49.204.000
1829.	8.839.000	58.133.000
1830.	7.722.000	60.324.000
1831.	14.066.000	47.523.000
1832.	12.176.000	64.927.000
1833.	13.432.000	73.886.000
1834.	17.141.000	76.564.000
1835.	22.915.000	71.545.000
1836.	36.615.000	81.464.000
1837.	22.084.000	86.719.000
1838.	17.772.000	101.248.000
1839.	32.531.000	85.883.000

(1) Les chiffres de cette colonne s'appliquent au *commerce général* jusqu'en 1872, inclusivement. A partir de cette époque, ils s'appliquent au *commerce spécial* (entrées pour la consommation immédiate), que les statistiques américaines ne permettent pas de dégager antérieurement.

(2) *Commerce spécial* pour toutes les années.

(3) En ce qui concerne les importations de France aux États-Unis (statistiques américaines) :

Années fiscales se terminant au 30 septembre, jusqu'à 1843, et, à partir de cette date, au 30 juin. Par suite de ce changement d'exercice, les chiffres de 1843 s'appliquent à neuf mois seulement.

Pour les exportations des États-Unis en France (statistiques françaises) : *années calendaires.*

(4) Non compris le *numéraire* (espèces et lingots) : 1° dans les importations de France aux États-Unis à partir de 1873 ; 2° dans les exportations des États-Unis en France, à partir de 1827. Antérieurement à chacune de ces deux années, les statistiques françaises et américaines ne permettent pas de déduire du commerce entre les deux pays, la part du numéraire.

ANNÉES	IMPORTATIONS TOTALES de France aux États-Unis (statistiques américaines)	EXPORTATIONS TOTALES des États-Unis en France (statistiques françaises)
	Dollars	Francs
1840.	17.573.000	117.970.000
1841.	23.934.000	121.491.000
1842.	16.974.000	135.045.000
1843 (9 mois) (1).	7.660.000	144.259.000
1844.	17.549.000	133.561.000
1845.	21.505.000	140.691.000
1846.	23.911.000	141.157.000
1847.	24.901.000	110.434.000
1848.	28.096.000	56.986.000
1849.	24.364.000	105.779.000
1850.	27.538.000	122.104.000
1851.	31.716.000	109.853.000
1852.	25.890.000	135.976.000
1853.	33.456.000	149.899.000
1854.	35.781.000	166.323.000
1855.	31.609.000	176.065.000
1856.	49.016.000	222.830.000
1857.	47.793.000	188.693.000
1858.	35.292.000	177.579.000
1859.	41.301.000	199.517.000
1860.	43.219.000	239.690.000
1861.	34.245.000	362.577.000
1862.	7.835.000	96.278.000
1863.	10.592.000	81.465.000
1864.	11.480.000	69.209.000
1865.	6.689.000	49.310.000
1866.	22.930.000	191.909.000
1867.	31.209.000	140.924.000
1868.	26.922.000	149.607.000
1869.	35.638.000	174.453.000
1870.	48.087.000	217.589.000
1871.	28.103.000	189.680.000
1872.	43.140.000	204.775.000
1873.	23.378.000	199.544.000
1874.	36.619.000	241.576.000
1875.	48.111.000	190.241.000
1876.	37.691.000	264.503.000

(1) Voir la note (3) de la page précédente.

ANNÉES	IMPORTATIONS TOTALES de France aux États-Unis (statistiques américaines)	EXPORTATIONS TOTALES des États-Unis en France (statistiques françaises)
	Dollars	Francs
1877	37.675.000	257.761.000
1878	32.723.000	487.460.000
1879	40.234.000	715.945.000
1880	54.764.000	731.028.000
1881	53.614.000	506.371.000
1882	71.617.000	390.264.000
1883	69.512.000	353.397.000
1884	52.192.000	279.484.000
1885	44.055.000	271.872.000
1886	51.257.000	292.665.000
1887	54.317.000	324.945.000
1888	56.199 000	247.875.000
1889	54.939.000	306.797.000
1890	61.214.000	317.420.000
1891	58.349.000	486.319.000
1892	54.385.000	533.470.000
1893	60.769.000	317.149.000
1894	35.015.000	326.989.000
1895	48.929.000	283.182.000
1896	55.394.000	313.747.000
1897	56.678.000	437.500.000
1898	44.878.000	623.400.000
1899	54.013.000	427.300.000
1900	63.799.000	509.500.000
1901	65.113.000	457.100.000
1902	72.783.000	424.800.000
1903	77.886.000	539.700.000
1904	70.275.000	482.800.000
1905	78.236.000	512.300.000
1906	95.574.000	587.900.000
1907	111.797.000	670.900.000
1908	84.573.000	657.100.000
1909	93.181.000	727.600.000
1910	117.380.000	614.100.000
1911	104.296.000	826.800.000
1912	112.424.000	890.300.000
1913	122.669.000	894.700.000
1914	124.364.000	787.700.000

NANCY-PARIS, IMPRIMERIE BERGER-LEVRAULT

BERGER-LEVRAULT, LIBRAIRES-ÉDITEURS

PARIS, 5—7, RUE DES BEAUX-ARTS — RUE DES GLACIS, 18, NANCY

CONFÉRENCES DE GUERRE
DES PROFESSEURS DU CONSERVATOIRE NATIONAL DES ARTS ET MÉTIERS

BEAUREGARD (Paul). — **La Vie économique en France pendant la guerre actuelle.** 1915 . . . . **40 c.**

FLEURENT. — **Un Effort à faire. Les Industries chimiques en France et en Allemagne.** *Aperçu général sur les causes de leur développement comparatif* . . . . **75 c.**

JOB (A.). — **La Chimie du feu et des explosifs** . . . . **40 c.**

LIESSE (André). — **L'Organisation du Crédit en Allemagne et en France.** 1915 . . . . **90 c.**

MAGNE (Lucien). — **La Guerre et les Monuments.** *Cathédrale de Reims, Ypres, Louvain, Arras.* Avec 32 illustrations. 1915 . . . . **90 c.**

SCHLŒSING fils (Th.). — **Notions sur le canon de 75.** Avec 9 fig. 1915. **40 c.**

VIOLLE (J.). — **Du Rôle de la physique à la guerre.** *De l'avenir de nos industries physiques après la guerre.* Avec 26 figures. 1915 . . . . . . **75 c.**

LÉGISLATION DE GUERRE 1914-1915
Collection publiée sous la direction de A. SAILLARD
CHEF DE BUREAU AU MINISTÈRE DE L'AGRICULTURE

Série de fascicules in-12, brochés

1. **Les Loyers et le Moratorium.** *Guide complet pour les propriétaires et les locataires,* par A. SAILLARD. — Brochure de 66 pages . . . **75 c.**

2. **Les Baux à ferme, les Métayages et le Moratorium,** par A. SAILLARD. — Brochure de 24 pages . . . . **40 c.**

3. **Les Affaires, la Bourse, les Banques et la Guerre.** *Étude complète,* par F.-J. COMBAT, chef de portefeuille, expert-comptable judiciaire. — Brochure de 91 pages . . . . **1 fr. 25**

4. **Les Finances publiques et la Guerre.** *Étude d'ensemble (France et Étranger),* par F.-J. COMBAT. — Brochure de 104 pages. . . . **1 fr. 25**

5. **Le Séquestre des biens des Allemands et des Austro-Hongrois.** *Guide juridique et pratique,* par A. SAILLARD, en collaboration avec un Administrateur-Séquestre. — Brochure de 94 pages . . . . . **1 fr. 50**

6. **Mesures douanières, Prohibitions et Contrebande de guerre,** par Roger FIGHIÉRA, sous-directeur au ministère du Commerce. (*En préparation.*)

7. **Décès et Disparitions aux armées.** *Constatation, Formalités, Successions,* par H. FOUGEROL, docteur en droit, avocat à la Cour d'appel de Paris, attaché au cabinet du sous-secrétaire d'État à la Guerre. — Brochure de 63 pages. . . . . **75 c.**

8. **Les Droits des Veuves et des Orphelins des militaires tués à l'ennemi.** *Renseignements pratiques et textes,* par A. SAILLARD et H. FOUGEROL. — Brochure de 131 pages . . . . **1 fr. 50**

9. **Les Blessés de guerre,** *pensions, rééducation professionnelle, emplois à leur réserver,* par Paul RAZOUS . . . . (*En préparation.*)

10. **Les Allocations aux familles des Mobilisés,** *avec les solutions des cas d'espèces les plus fréquents, d'après les instructions administratives,* par A. SAILLARD et H. FOUGEROL . . . . (*En préparation.*)

11. **Les Dommages de guerre.** *Constatation et Évaluation. Catégories de dommages. Formalités à remplir. Textes officiels. Tableaux et formules.* Brochure de 116 pages . . . . **1 fr. 25**

12. **Les Assurances et la Guerre,** par F.-J. COMBAT . . (*En préparation.*)

Les Indésirés. Documents recueillis dans les journaux quotidiens, les enquêtes de *La Française,* de *La Bataille Syndicaliste* et de *La Revue.* Solution gouvernementale. Avec préface de M. Léon GOULETTE, président de l'Association de la Presse de l'Est. 1915. Volume in-12 . . . . **75 c.**

BERGER-LEVRAULT, LIBRAIRES-ÉDITEURS

PARIS, 5-7, RUE DES BEAUX-ARTS — RUE DES GLACIS, 18, **NANCY**

PIERRE-ALYPE

LA PROVOCATION ALLEMANDE
AUX COLONIES

Préface de M. Albert SARRAUT
MINISTRE DE L'INSTRUCTION PUBLIQUE
ANCIEN GOUVERNEUR GÉNÉRAL DE L'INDO-CHINE

1915. Un volume grand in-8 de XLII-244 pages, avec 10 cartes. . . **5 fr.**

LA BELGIQUE INDUSTRIELLE ET COMMERCIALE
DE DEMAIN

Par Robert BILLIARD, industriel, ingénieur des constructions civiles. Préface de Henri LA FONTAINE, sénateur de Belgique, professeur de droit international, lauréat du prix Nobel. 1915. Un volume grand in-8 de XXII-276 pages, broché . . . . **4 fr.**

LES NEUTRES ET LA GUERRE

Voix américaines sur la guerre de 1914. 3 volumes in-12. Chacun . . . . **60 c.**

Les Dessous économiques de la Guerre, par Christian CORNÉLISSEN, économiste hollandais. Préface de Charles ANDLER, professeur à la Sorbonne. Volume in-12 . . . . **60 c.**

Les Voix italiennes sur la Guerre de 1914-1915. Volume in-12. . . . . **60 c.**

Amitiés espagnoles. Volume in-12 . . . . **60 c.**

L'Œuvre de la France. Articles traduits du journal *The Times* (juillet 1915). Volume in-12 . . . . **40 c.**

La Suisse et la Guerre. Volume in-12 . . . . **60 c.**

La France de Demain, par Lucien DE BONNEFON. 1915. Br. in-12. **30 c.**

La Valeur immobilière du Territoire français envahi au 15 novembre 1914. Communication faite à la Société de Statistique de Paris, par E. MICHEL, inspecteur principal du Crédit Foncier de France. 1915. Brochure grand in-8 . . . . **1 fr.**

Le Reichstag impérial (1871-1912). *Étude de démographie politique,* par Paul MEURIOT, membre de la Société de Statistique de Paris et de l'Institut international de Statistique. 1914. Brochure grand in-8. **2 fr. 75**

L'ATLAS-INDEX DE TOUS LES THÉATRES DE LA GUERRE

I. Le Front de Bataille en France et en Belgique. — 16 cartes d'ensemble au 600.000e, en quatre couleurs, et 24 cartes détaillées au 100.000e, donnant les principaux fronts stratégiques. Avec *Index alphabétique* de 8.352 noms. Grand in-8, relié souple, tranches rouges . . . . **3 fr.**

II. Le Front Est. Prusse Orientale. Pologne. Galicie. Hongrie. — 33 cartes en couleurs, avec Index de 6.024 noms. . . . . . **2 fr. 50**

NANCY-PARIS, IMPRIMERIE BERGER-LEVRAULT